Humera Niaz

Deteção de padrões comunitários com base em redes sociais Ad Hoc

Humera Niaz

Deteção de padrões comunitários com base em redes sociais Ad Hoc

ScienciaScripts

Cover image: www.ingimage.com

This book is a translation from the original published under ISBN 978-3-659-82272-8.

Publisher:
Sciencia Scripts
is a trademark of
Dodo Books Indian Ocean Ltd. and OmniScriptum S.R.L publishing group

120 High Road, East Finchley, London, N2 9ED, United Kingdom
Str. Armeneasca 28/1, office 1, Chisinau MD-2012, Republic of Moldova, Europe
Managing Directors: Ieva Konstantinova, Victoria Ursu
info@omniscriptum.com

Printed at: see last page
ISBN: 978-620-8-41397-2

Para os meus pais

Resumo

Com a proliferação de telemóveis com Bluetooth, as comunidades de pessoas têm comunidades quase equivalentes de dispositivos móveis inteligentes que podem detetar a presença uns dos outros e, com um software adequado, podem trocar informações de interesse. Nesta tese, explorei o conceito de rede social ad hoc para a deteção de comunidades a partir de detalhes de interação recolhidos por dispositivos móveis.

A rede social é constituída por indivíduos, estando todos eles ligados entre si por algum fator ou interesse comum. Os analistas de redes sociais definem estes indivíduos como nós e as suas relações como laços. As redes sociais criadas pelas pessoas e pelos seus dispositivos são organizadas de forma informal e apenas nesse momento. A rede social não é apenas auto-organizada, mas também totalmente descentralizada e altamente dinâmica. Estas redes são designadas por redes sociais.

A comunidade é um atributo importante das redes sociais. A troca de informações pode ser observada entre as comunidades através da sua estrutura social.
Nesta tese, o software wireless rope é utilizado para encontrar os padrões de comunidade dos estudantes e médicos que participaram na experiência. Para a experiência, foram utilizados dois contextos sociais diferentes, sendo um deles o grupo de estudantes que assiste a palestras e o outro o grupo de médicos que acompanha os doentes. As informações sobre estranhos e pessoas conhecidas são obtidas a partir dos detalhes de interação recolhidos pelos telemóveis. Através desta informação, determinamos as diferentes comunidades que existiam entre os estudantes e os médicos.

ÍNDICE DE CONTEÚDOS

Capítulo 1
Introdução

1. Introdução

As comunicações tornaram-se um elemento fundamental na vida das pessoas em todo o mundo. Para o efeito, foram criados muitos métodos. A invenção da telefonia, da televisão e do satélite tornou possível a comunicação rápida a longa distância. A necessidade de manter o contacto com outras pessoas enquanto se está em movimento criou outro paradigma no domínio da comunicação, a rede sem fios. As comunicações móveis são um meio adicional de comunicação nas redes sociais. As relações interpessoais na sociedade em rede foram identificadas num novo domínio, as redes sociais.

Nas redes sociais, a conetividade entre as pessoas pode afetar a intensidade das relações e os papéis que os utilizadores desempenham na sua vida social. As comunicações móveis e os serviços móveis permitem formas mais intensas de interação social. "Os serviços de mensagens, como os SMS, são utilizados para participar em actividades sociais, para estabelecer ligações, assinalar e gerir a participação em redes sociais"[13].

1.1 Definição do problema

Um atributo importante da rede social é a comunidade, porque os dispositivos móveis são transportados por pessoas que normalmente pertencem a comunidades na sua vida social. Se o conceito de interação correlacionada se aplicar, a nossa intuição é utilizar esta informação sobre a comunidade para influenciar o mecanismo de difusão da informação, incluindo a utilização de várias centralidades intra/inter comunidades. Assim, a identificação das comunidades locais de cada dispositivo móvel pode ser importante para melhorar a eficiência do reencaminhamento de dados **[6].**

Este projeto tem como objetivo encontrar os padrões da comunidade utilizando os dados sobre os vizinhos do próximo salto com a ajuda da informação de avistamento e da informação sobre a duração do encontro. Os avistamentos fornecem o número de nós que entram na rede e a informação de encontro fornece a duração entre as inclusões de dois nós.

A metodologia a seguir é o **projeto Wireless Rope** baseado nas redes sociais. *"Wireless Rope é um projeto interativo que permite às tribos permanecerem juntas enquanto agem em conjunto ou individualmente" [5].* A parte principal do projeto consiste num programa que corre em dispositivos JAVA e que, utilizando a tecnologia Bluetooth, recolhe informações sobre os dispositivos que se encontram a uma certa distância. Os dispositivos móveis e os computadores da área circundante podem ser detectados, localizados e interagidos utilizando este programa. As informações recolhidas são colocadas numa estação central com a ajuda de estações de localização especiais. A tecnologia Bluetooth é utilizada para a deteção de proximidade, uma vez que pode detetar dispositivos a uma distância de 10m a 100m e também determinar a intensidade do sinal, o que é útil para aproximar a distância entre dispositivos.

1.2 Organização da tese

O resto da tese está organizado da seguinte forma. O Capítulo 2 apresenta uma introdução às redes, às redes ad hoc e às redes ad hoc móveis. Explica também as aplicações das redes ad hoc móveis. O Capítulo 3 explica o que são as redes sociais, dá uma cobertura pormenorizada da análise das redes sociais e apresenta trabalhos anteriores relacionados com as redes sociais. O capítulo 4 explica a ferramenta "wireless Rope" que utilizámos na nossa experiência. O capítulo 5 apresenta informações pormenorizadas sobre a experiência e os problemas enfrentados durante a instalação da corda sem fios. Os resultados da experiência são discutidos no capítulo 6. O capítulo 7 conclui a tese com sugestões para trabalhos futuros.

Capítulo 2
Redes móveis Ad-Hoc

2. Introdução

A rede é um grupo de dispositivos interligados que podem comunicar, trocar informações e partilhar diferentes recursos.
Existem três tipos principais de rede.

2.1.1 Rede local

Um grupo de dispositivos interligados é conhecido como rede local que partilha uma ligação física comum ou uma ligação sem fios. Qualquer rede que exista num pequeno edifício ou mesmo num grupo de edifícios adjacentes é considerada uma rede local. Uma rede local permite que vários computadores partilhem os seus recursos. Os recursos mais comummente partilhados são o armazenamento em disco e as impressoras.

2.1.2 Rede de área alargada

Duas ou mais LANS ligadas entre si numa vasta área geográfica são conhecidas como rede de área alargada. Podem ser ligadas através do sistema telefónico, de linhas alugadas ou de satélite. A Internet é um exemplo de rede de área alargada porque liga milhares de computadores e LANs.

2.1.3 Redes metropolitanas

Uma rede de alta velocidade interligada por uma série de LANS que partilham recursos e informações é designada por rede de área metropolitana. Uma MAN cobre uma área geográfica maior do que uma LAN mas mais pequena do que uma WAN.

2.2 Rede sem fios

A principal caraterística comum de todas as redes sem fios é o facto de o transporte de pacotes se efetuar sem a presença de ligações físicas com fios. Na maior parte dos casos, a natureza do meio de transporte é praticamente a única grande diferença entre as redes com e sem fios, uma vez que qualquer anfitrião móvel na cobertura da rede sem fios pode ser tratado exatamente como o anfitrião com fios. No entanto, uma vez que os anfitriões das redes sem fios têm a possibilidade de demonstrar um nível de mobilidade muito maior, foi desenvolvido um paradigma alternativo e muito mais flexível de ligação em rede que permitiria aos anfitriões móveis comunicar mesmo que a infraestrutura convencional não estivesse presente.

2.3 TIPOS DE REDES SEM FIOS

Existem dois tipos básicos de redes sem fios: redes baseadas em infra-estruturas e redes ad-hoc. No que respeita à topologia da rede, podemos distinguir entre redes de infra-estruturas e redes ad-hoc.

2.3.1 Infraestrutura (Cliente/Servidor) Redes

As redes de infra-estruturas são as redes sem fios tradicionais, uma vez que são uma realização sem fios do modelo de rede convencional. As redes de infra-estruturas são redes centralizadas com uma topologia de backbone fixa à qual um anfitrião móvel se pode ligar. O núcleo destas redes é um ponto central fixo (estação de base), que está ligado ao resto da rede, frequentemente através de uma ligação com fios (Figura 1). Todos os hosts móveis dentro da cobertura de sinal da estação de base podem ligar-se a ela e utilizá-la para comunicar com uma rede de espinha dorsal, porque a estação de base é utilizada como ponto de acesso para todos os hosts móveis a ela ligados.

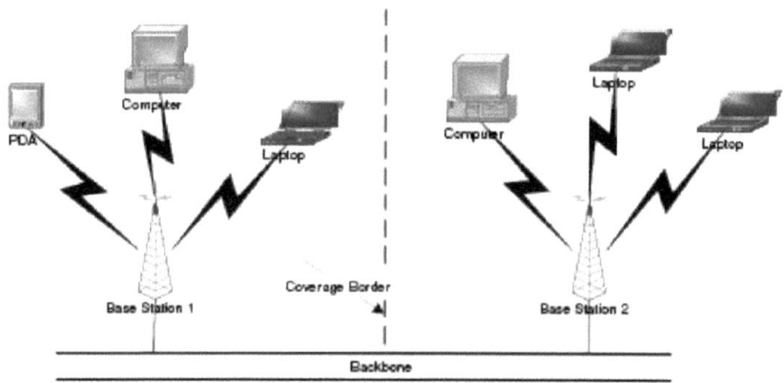

Figura 2.1: Redes de infra-estruturas (cliente/servidor) [7]

2.3.2 Redes móveis ad hoc

Os progressos da tecnologia sem fios e da tecnologia portátil, juntamente com a procura de uma maior mobilidade dos utilizadores, deram um grande impulso ao desenvolvimento de uma classe emergente de arquitecturas de rede auto-organizadas e rapidamente implantáveis, designadas por redes ad hoc móveis e sem fios (MANET). Uma rede ad hoc móvel é um conjunto de nós sem fios que podem formar dinamicamente uma rede sem utilizar necessariamente qualquer infraestrutura pré-existente. Devido à potencial facilidade de implantação, foram concebidas muitas aplicações práticas para as redes ad hoc.

Figura 2.2 Rede Ad hoc móvel

Na conceção de redes ad hoc móveis, surgem vários problemas interessantes e difíceis devido à natureza partilhada do meio sem fios, ao alcance limitado de transmissão dos dispositivos sem fios, à mobilidade dos nós e às restrições de energia. As redes ad hoc móveis têm aplicações em operações militares, na aplicação da lei, em cenários de emergência e em missões de salvamento. Muitas destas aplicações estão relacionadas com a segurança.

As redes móveis ad hoc têm uma série de caraterísticas.

1. **Falta de infra-estruturas**
   A rede ad hoc móvel é formada sem conhecimento prévio da localização física e da gestão da rede dos nós, pelo que não existe uma infraestrutura pré-existente. Todas as funções da rede ad hoc, por exemplo, o encaminhamento, a gestão da rede e a segurança, são efectuadas pelos próprios nós.
2. **Topologia dinâmica**
   O movimento contínuo dos nós e a conetividade sem fios permitem que os nós entrem e saiam da rede inesperadamente, o que torna a rede não estruturada.
   Os nós da rede ad hoc estão em constante movimento, pelo que a configuração da topologia da rede pode mudar muito rapidamente. O movimento dos nós é imprevisível e o facto de não haver uma infraestrutura fixa dá origem a quebras de ligação frequentes.
3. **Auto-organização**
   Na rede ad hoc não existe uma infraestrutura fixa, o que significa que não é utilizada uma estação de base para criar a rede.

4. **Recursos limitados**
   Os nós são pequenos dispositivos portáteis, pelo que têm pouca memória, potência computacional limitada e recursos energéticos limitados. Numa tentativa de manter o custo destes dispositivos baixo, são normalmente alimentados por uma pequena CPU, acompanhada de recursos de memória limitados. Os dispositivos podem ter uma largura de banda e um alcance de transmissão limitados.
5. **Questões de segurança**
   Devido ao meio partilhado, existem várias vulnerabilidades de segurança na comunicação sem fios. Qualquer pessoa pode aceder ao meio ou canal de comunicação a qualquer momento e obter informações confidenciais, bem como injetar vírus ou mensagens para corromper as informações originais na rede, sem qualquer limitação.

6. **Problema de encaminhamento**
   Uma vez que na rede ad hoc móvel não existe uma infraestrutura fixa, a mensagem ou o pacote pode ser encaminhado por um caminho diferente. Os nós são móveis, pelo que saem do seu raio de ação a qualquer momento e, devido à mobilidade dos nós, a mensagem será abandonada ou não será entregue no destino e, devido à topologia dinâmica, a mensagem será entregue no destino após algum tempo.

2.4 Aplicações das redes móveis ad hoc

As redes móveis ad hoc têm aplicações em operações militares, aplicação da lei, cenários de emergência e missões de salvamento. Muitas destas aplicações estão relacionadas com a segurança.

2.4.1 Aplicações militares

É bastante interessante notar a utilização de redes ad hoc num ambiente militar devido à sua falta de infra-estruturas e à sua natureza auto-organizada. Isto deve-se ao facto de, nos cenários de campo de batalha, a comunicação ter de ser robusta e garantida, de modo a não causar danos fatais. As operações de combate exigem a capacidade de implantação e a segurança das redes, porque estas operações são espontâneas e, por conseguinte, requerem soluções de comunicação espontâneas.

Enquanto as redes convencionais dependem de infra-estruturas como as estações de base, os nós de uma infraestrutura são vulneráveis e podem ser facilmente atacados; se forem eliminados, o funcionamento de toda a rede é desmantelado. As redes ad hoc podem continuar a existir mesmo em caso de fases acidentais, como a desconexão devido a uma má conetividade sem fios, o comprometimento ou a desativação de nós, a deslocação de nós para fora do alcance, a danificação de nós durante um ataque físico aos utilizadores ou a falha de nós devido a um mau funcionamento ou ao esgotamento da bateria.

2.4.2 Aplicações comerciais

Como já foi referido, as redes ad hoc constituem uma abordagem económica, para além de serem úteis no domínio militar. Podem ser utilizadas para fornecer conetividade em terrenos onde as redes convencionais, como as redes celulares, não são financeiramente viáveis, não podem fornecer uma cobertura suficiente ou precisam de ser contornadas. Outras aplicações comerciais possíveis das redes ad hoc incluem as redes privadas ou redes de área pessoal (PAN) (para efeitos de teleconferência, videoconferência, comunicações ponto a ponto, reuniões ad hoc ou, de um modo mais geral, aplicações de colaboração de todos os tipos). A famosa aplicação comercial das redes ad-hoc é o Bluetooth, que foi concebido para suportar PAN. Quando a flexibilidade e a conveniência das redes ad hoc auto-organizadas forem plenamente apreciadas, estas aplicações serão utilizadas em massa. O mesmo aconteceu com as redes celulares, que são atualmente uma necessidade.
"Situações de emergência causadas por instabilidade geopolítica, catástrofes naturais ou provocadas pelo homem podem resultar em danos ou na falta de fiabilidade da infraestrutura de rede existente. Por exemplo, o furacão Katrina atingiu Nova Orleães, Louisiana, em 29 de agosto de 2005. A tempestade destruiu a maior parte da infraestrutura de comunicações fixas, uma vez que cobriu aproximadamente 90.000 milhas quadradas dos Estados Unidos, uma região quase tão grande como o Reino Unido. Para lançar uma operação eficaz de socorro em caso de catástrofe, a comunicação é essencial, mesmo entre um grupo localizado de trabalhadores de socorro. As MANET "abertas" permitirão que os trabalhadores humanitários de vários países estabeleçam comunicações em tempo real, eliminando assim a perda de tempo na criação e gestão de redes convencionais de infra-estruturas fixas. As missões de busca e salvamento poderão também ser efectuadas

em locais que não permitam o acesso às redes de comunicação existentes. As missões de busca e salvamento podem também ser incluídas na categoria de aplicações militares" [1].

Outra forma de redes ad hoc são *as redes ad hoc veiculares.* Estas redes permitem que os veículos que circulam numa autoestrada *"troquem dados para monitorizar o congestionamento do tráfego, estabelecer comunicações entre veículos e alertar precocemente para potenciais perigos, como um acidente, um obstáculo na estrada ou um veículo imobilizado" [1].*

2.5 Por que razão utilizamos a rede ad hoc móvel

As razões para a popularidade das redes ad hoc móveis são

- Facilidade de implementação
- Velocidade de implantação
- Diminuição da dependência das infra-estruturas

2.6 Desafios

As redes ad hoc móveis enfrentam os seguintes desafios:

- Alcance de transmissão sem fios limitado
- Natureza de difusão do meio sem fios
  - Problema de terminal oculto
- Perdas de pacotes devido a erros de transmissão
- Alterações de rota induzidas pela mobilidade
- Perdas de pacotes induzidas pela mobilidade
- Restrições da bateria
- Partições de rede potencialmente frequentes
- Facilidade de bisbilhotar as transmissões sem fios (risco de segurança)

Capítulo 3
Redes sociais

3. Rede social

Uma estrutura social composta por nós é uma Rede Social, onde todos os nós, que podem ser indivíduos ou organizações, estão ligados devido a um fator comum. Esse fator pode ser o interesse, a visão, os valores ou as emoções, etc. Esta ligação entre os nós é designada por laços. Num diagrama de rede social, os nós indicam os pontos e as linhas indicam a relação entre os nós ou os laços. O capital social de qualquer nó individual depende do número de laços que possui numa rede e é-lhe dada importância devido à convicção de que os contactos sociais afectam a produtividade de um indivíduo.

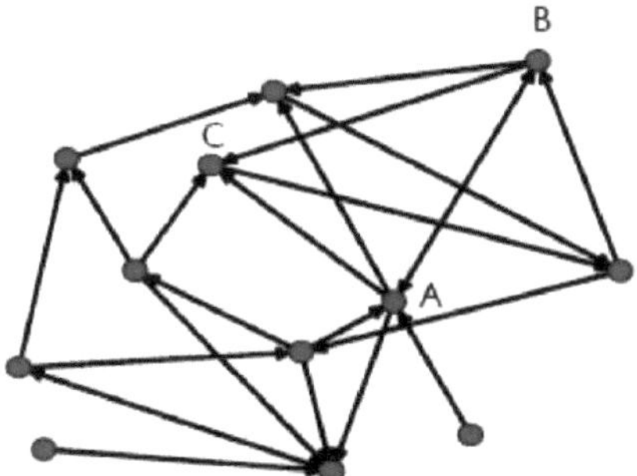

Figura 3.1 Rede social

A rede social foi definida como o agrupamento de indivíduos em grupos específicos, como pequenas comunidades rurais ou uma subdivisão de um bairro [2].

Embora muitas pessoas sejam socialmente activas e estabeleçam redes na escola ou no local de trabalho, este tipo de rede é popular em linha. Isto pode dever-se ao facto de a Internet ligar várias pessoas de todos os quadrantes da vida e de diferentes origens. Permite que uma grande variedade de pessoas de todo o mundo se dedique a interesses comuns.

Para a criação de redes sociais em linha, são normalmente utilizados sítios Web. Estes sítios são conhecidos como sítios sociais e funcionam como uma comunidade em linha para os utilizadores da Internet. Dependendo do sítio Web em questão, muitos destes membros da comunidade em linha partilham um interesse comum, como passatempos, religião ou política. Estes sítios fornecem acesso imediato às pessoas para socializarem, acedendo às páginas de perfil e a várias outras páginas da comunidade e comunicando com as pessoas. As redes sociais em linha permitem aos indivíduos fazer amigos em todo o mundo e, ao fazê-lo, não só fazem amigos como aprendem sobre diferentes culturas e línguas.

As redes sociais envolvem sobretudo indivíduos ou organizações específicas em grupos. Existem muitos sítios Web que se centram em interesses específicos, mas há alguns sítios de redes sociais que estão abertos a todos. Isto significa que qualquer pessoa pode tornar-se membro, independentemente dos seus passatempos, crenças ou pontos de vista. Estes sítios também funcionam da mesma forma, com os indivíduos a encontrarem interesses e outras pessoas em linha através de perfis.

Mas, para além dos benefícios das redes sociais, existem também alguns perigos. Por exemplo: pessoas que fingem ser quem não são ou que imitam uma personalidade famosa. Além disso, algumas pessoas podem utilizá-la para actos ilegais ou imorais, pelo que é sempre aconselhável proceder com cautela, mesmo em linha, tal como no mundo real. Alguns dos sítios de redes sociais mais populares são o Facebook, o My Space, o Orkut, o Flickr, etc.

Um exemplo de rede social ad hoc é o AdSocial, que utiliza o Mobile Ad hoc Network Diretory (MAND).

"É uma aplicação de rede social que se assemelha ao Facebook, ao ICQ ou ao Flickr e que funciona em MANETs" [2].

Há duas formas de os utilizadores interagirem nas redes sociais: através de aplicações baseadas na Internet, em que comunicam com os seus amigos ou com pessoas que já conhecem. E a outra forma é através de redes ad hoc, em que comunicam com indivíduos do círculo mais próximo. Este tipo de comunicação tem uma duração temporária, enquanto o utilizador permanecer nesse círculo ou área. Por exemplo: durante uma viagem de comboio, pessoas desconhecidas comunicam umas com as outras enquanto estão no comboio, ou numa conferência ou evento empresarial.

O trabalho em rede através do AdSocial funciona da seguinte forma: *"Um utilizador do AdSocial cria um perfil no qual especifica os seus interesses e outras informações pessoais. Quando o utilizador está em linha, o AdSocial notifica a presença do utilizador na rede ad hoc. Os utilizadores da rede ad hoc podem consultar o perfil dos seus amigos, bem como procurar amigos próximos com interesses específicos. O AdSocial foi concebido para suportar interações espontâneas e fornecer a base para a execução de aplicações de colaboração (por exemplo, jogos, conversação, VoIP, etc.)" [3].*

3.1 Redes sociais e móveis Ad Hoc

A rede social ad hoc móvel foi descrita como a nova rede social construída pela combinação de computação, comunicação, reputação e conhecimento da localização [12].

A existência de redes sociais ad hoc é possível graças às tecnologias de computação p2p e de redes sem fios que ajudam a conceber redes ad hoc de dispositivos móveis. As redes sociais ad hoc baseiam-se então em dispositivos móveis ad hoc.

O termo Ad hoc significa que as pessoas e os seus dispositivos estão organizados informalmente e apenas nesse momento. A rede social, como já foi referido, refere-se à combinação de indivíduos e dos seus laços entre si, os nós e as ligações/laços, tal como definido pelo SCN. Os laços sociais são os canais de comunicação e os laços sociais. A utilização dos telemóveis como dispositivo de criação de redes sociais já é evidente, uma vez que milhares e milhões de pessoas utilizam atualmente telemóveis e SMS. A razão pela qual as novas tecnologias de comunicação possibilitam mudanças sociais profundas deve-se ao facto de os elementos das redes sociais formadas por seres humanos e as redes de comunicação construídas a partir de cabos ópticos e dispositivos sem fios trabalharem em conjunto.

A nossa visão das redes sociais foi completamente revolucionada pela utilização da comunicação móvel e, especialmente, da comunicação ad-hoc, que desempenha um papel muito importante na formação de laços pertinentes para a situação atual do indivíduo. O sistema peer to peer é o exemplo máximo de um sistema de informação móvel ad hoc. Não só é auto-organizado, como também é totalmente descentralizado e altamente dinâmico. A rede social ad hoc abre as portas a muitos novos dispositivos inventados para participarem nas nossas interações sociais quotidianas com as pessoas. Por exemplo, PDAs e tablets móveis que podem ser utilizados para realizar conferências móveis em tempo real.

" A sua capacidade de estabelecer ligações de comunicação entre dispositivos durante encontros face a face pode ser utilizada para facilitar, aumentar ou mesmo promover as interações sociais humanas"[11].

Exemplos de redes sociais e móveis Ad Hoc

- Reuniões ad hoc
- Monitorização móvel de doentes
- Sistemas de comando e controlo distribuídos
- Computação ubíqua

3.2 Análise de redes sociais

As redes sociais funcionam a muitos níveis, desde as vidas individuais às famílias e às nações, e desempenham um papel vital na resolução de problemas, na gestão de organizações e na consecução de objectivos. Estas relações sociais são analisadas pela Análise de Redes Sociais (ARS). A análise de redes sociais (ARS) consiste em mapear e medir as relações e os fluxos entre pessoas, organizações, grupos, computadores, sítios Web e outras entidades de processamento de informação/conhecimento. A análise não é apenas visual, mas também matemática. Através deste método, é possível determinar a localização dos utilizadores numa determinada rede. A SNA descreve os indivíduos e as suas relações como nós e laços, respetivamente. Os analistas não estudam apenas as redes completas, mas também as redes pessoais ou egocêntricas. A ARS é amplamente utilizada no estudo da epidemiologia, para compreender como o contacto humano pode afetar a propagação de doenças numa população.

A forma como os indivíduos se comportam no seio de uma comunidade é uma caraterística importante das suas vidas e a análise de redes baseia-se nesta noção. Os analistas de redes acreditam que a vida pessoal de um indivíduo depende em grande medida da forma como esse indivíduo está ligado a uma rede mais alargada de ligações sociais. Muitos acreditam, além disso, que o sucesso ou o fracasso das sociedades e organizações depende muitas vezes da forma como os padrões de relações são estruturados internamente.

O analista de redes sociais analisa a relação social entre um grupo de pessoas interdependentes. A análise da rede social é feita porque queremos compreender como é que um grupo de pessoas interdependentes trabalha ou partilha informações. A rede social tem alguns elementos importantes. O primeiro elemento chama-se grupo e o grupo é o conjunto de pessoas, como uma comunidade que vive na cidade ou uma equipa de desenvolvimento de software. Um grupo pode ter um tamanho de

vinte a cem pessoas. O segundo elemento é a relação entre as pessoas, ou seja, quantas pessoas estão ligadas umas às outras e durante quanto tempo. Estes padrões de ligação formam uma rede social.
A ligação ou vínculo entre as pessoas mostra se o vínculo entre elas é forte ou fraco. Uma ligação forte indica uma interação regular e vários tipos de relações. Os laços fracos indicam um número reduzido de interações entre os povos. Os povos estão ligados a outros de forma direta ou indireta. Na ligação direta, ambas estão ligadas diretamente uma à outra, por exemplo, X está ligado a Y e Y está ligado a X.
Na ligação indireta, uma pessoa está ligada a outras através do número de ligações ou através do conhecimento de uma pessoa a outra. Por exemplo, X é amigo de Y e Y é amigo de Z. Assim, X está ligado a Z através de Y.

Durante a análise da rede social, são utilizadas várias medidas que, em [8], são definidas como

Centralidade: A centralidade mostra que o poder de uma pessoa está no centro de uma rede. Na rede, as pessoas centrais têm mais peso, tendem a receber melhores avaliações de desempenho e tendem a estar mais satisfeitas com os seus empregos do que as pessoas menos centrais. O grau, a intermediação e a centralidade de proximidade são medidas de centralidade. O grau indica o número de pessoas ligadas a cada pessoa.

A intensidade da proximidade de uma pessoa em relação a outro par de pessoas na rede social é designada por centralidade de intermediação. Por exemplo, se A está ligado a B e B está ligado a C, mas A não está ligado a C, então A tem de "passar" por B para "chegar" a C, porque B está entre A e C. A pessoa com a maior centralidade de intermediação é a pessoa pela qual as outras pessoas da rede têm mais frequentemente de passar para chegarem umas às outras.

O número de ligações que uma pessoa tem de percorrer para chegar a todos os outros elementos da rede é designado por centralidade de proximidade. Se A está ligado a B e B está ligado a C, mas A não está ligado a C, então A tem de passar por duas ligações (ou seja, A-B e B-C) para chegar a C. A pessoa que utiliza um pequeno número de ligações para chegar a todos os outros na rede tem a maior centralidade de proximidade.

Ponte: a ponte é uma ligação entre dois grupos, através da qual dois grupos estão ligados um ao outro. Se esta ligação for interrompida, deixa de haver ligação entre os dois grupos.

Coesão. "*É o número médio de ligações necessárias para que uma pessoa do grupo "chegue" a outra pessoa do grupo. Se A está ligado a B que está ligado a C, então A está a uma distância de 2 de C. A coesão do grupo indica a distância média de cada grupo"*.

Densidade. Indica a proximidade de um grupo ou subgrupo. A densidade é uma quantidade que indica o número de ligações efectivas presentes no grupo relativamente ao número de ligações possíveis no grupo. A densidade pode ser calculada dentro de um grupo, o que significa que no grupo todos têm uma relação com todos os outros no grupo ou entre dois grupos.

3.3 Bluetooth para deteção de proximidade

Eiko Yoneki afirma em [3] que a deteção de proximidade é o método de deteção de pessoas nas redes sociais ad hoc. Para a deteção de proximidade, é utilizada a tecnologia Bluetooth. Esta tecnologia está disponível em grande escala e muitas pessoas têm um telemóvel com Bluetooth. Assim, é relativamente fácil detetar um determinado dispositivo móvel de muitas pessoas sem ter de entregar um dispositivo especial a cada uma delas, o que torna o Bluetooth apelativo para experiências que envolvam um grande número de pessoas. A deteção de proximidade por Bluetooth já foi utilizada em várias outras experiências, bem como em sistemas de GPS e de infravermelhos. Este projeto utiliza o Bluetooth para a deteção de proximidade num campus, numa sala de aula.

O alcance do Bluetooth situa-se entre 10 m e 100 m, consoante a classe do dispositivo. O alcance dos telemóveis para se detectarem uns aos outros é normalmente de 10 m. O protocolo do Bluetooth que permite que um dispositivo descubra outros dispositivos nas proximidades é designado por "investigação de dispositivos". A descoberta de outros dispositivos destina-se normalmente a estabelecer uma ligação para a transferência de dados. O dispositivo par participa ativamente no processo de descoberta. O pedido de informação é automaticamente respondido por ele, que é depois configurado pelo utilizador com a opção de visibilidade Bluetooth. Quando o pedido é respondido, são revelados, entre outros, o endereço e a classe do dispositivo, sendo que o endereço identifica de forma exclusiva um dispositivo Bluetooth e pode ser utilizado para reconhecer um dispositivo anteriormente descoberto. A classe do dispositivo faz a distinção entre telemóveis e outros dispositivos e fornece informações vagas sobre as capacidades adicionais de um dispositivo.

Os detalhes sobre a distância até ao dispositivo não são fornecidos pela consulta do dispositivo, exceto que está dentro do alcance da comunicação (ou seja, 10 m para a maioria dos telemóveis).
A medição da distância dentro do intervalo só é possível indiretamente, tendo em conta a taxa de erro de bits.

3.4 Deteção de comunidades

As pessoas vivem sob a forma de grupos e representam uma estrutura social. O fluxo de informação pode ser observado entre as comunidades através da sua estrutura social. Todas as pessoas têm telemóveis na sua vida social. A deteção de comunidades numa rede complexa tem atraído muita atenção. Encontrar as comunidades locais de cada dispositivo móvel pode ser importante para melhorar a eficiência do encaminhamento de dados. Já foram propostos e analisados vários métodos de deteção de comunidades. Para a análise de dados offline, estes métodos são úteis nos traços de mobilidade recolhidos para explorar as estruturas sociais nos dados.
O mecanismo de deteção de comunidades pode ser aplicado aos traços de conetividade humana tanto de forma centralizada como descentralizada [4].

A seguir, resumimos o esquema dos algoritmos.

K-CLIQUE: Os autores em [4] referiram-se a Palla et al. Segundo eles, uma união de todos os K-cliques é uma comunidade. Através de uma série de k-cliques adjacentes, estes podem ser alcançados a partir uns dos outros. Os dois k-cliques adjacentes são os cliques que partilham k-1 nós. Devido a esta caraterística, é possível sobrepor comunidades. Isto é semelhante à comunidade humana, em que uma única pessoa pode pertencer a mais do que uma comunidade.
Análise de Redes Ponderadas: Em [4], os autores referiram-se à análise das redes ponderadas de Newman [5]. De acordo com eles, os grafos ponderados são construídos a partir de traços de encontros. Estes podem ser utilizados para a análise de redes ponderadas. É de notar que um grafo múltiplo com mais de uma unidade de arestas pode ser formado a partir de um grafo ponderado.

Fiedler Clustering: Em [4] os autores referiram-se ao Fiedler Clustering**.** De acordo com eles, o vetor de Fiedler é o vetor próprio formado pelo menor valor próprio não nulo de uma matriz laplaciana. Os componentes estruturais podem ser feitos através da decomposição do grafo usando o vetor de Fiedler.

Eiko Yoneki afirma que a compreensão quantitativa da dinâmica humana é difícil e ainda não foi explorada em profundidade. O aparecimento de vestígios de interação humana em ambientes em linha e omnipresentes permite-nos compreender os pormenores das actividades humanas [4]. A figura seguinte mostra as comunidades detectadas com diferentes algoritmos.

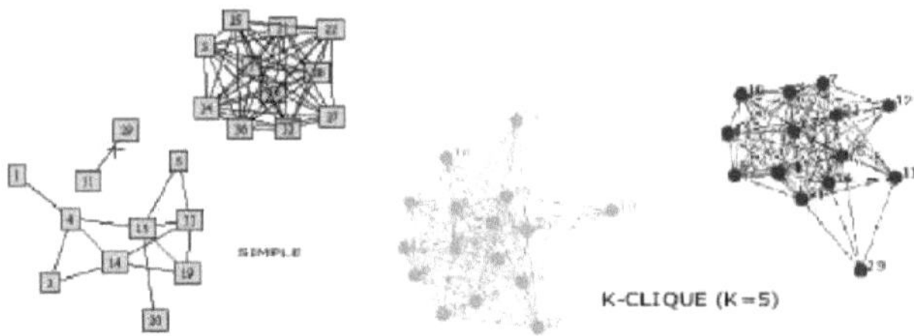

Figura 3.2 Comunidades - K-Clique e SIMPLE [4]

A corda sem fios foi utilizada por Tom Nicolai e Eiko Yoneki em [9] para explorar o contexto social. Em geral, sabe-se que o conhecimento do contexto desempenha um papel importante para o sucesso das aplicações e dispositivos de computação ubíqua. Nesse documento, os autores centraram-se no tipo de contexto social que não pressupõe o conhecimento das identidades e dos papéis dos indivíduos. Existem várias outras formas de contextos sociais que são detectadas para obter informações sobre identidades e para facilitar a troca de informações. Nesse documento, a abordagem utilizada, para reconhecer as identidades particulares dos indivíduos na proximidade, não era necessária. Em vez disso, a preocupação era saber se a pessoa detectada estava com outras pessoas nesse ambiente social ou se estava apenas a passar por elas e se as pessoas se encontravam regularmente ou não. Os avistamentos de pessoas foram posteriormente caracterizados como familiares, estranhos e estranhos familiares, respetivamente, sendo que um estranho familiar era aquele que tinha sido encontrado 5 vezes. Posteriormente, foram utilizados algoritmos simples, baseados em dados de proximidade, para distinguir entre as três categorias de avistamentos. Selecionaram a situação de uma conferência informática como um evento social para a sua experiência. Foram utilizadas duas funções de caraterísticas dos dados de proximidade para reconhecer várias situações durante uma visita a uma conferência informática, como a chegada e a partida. As pausas para café e almoço também foram identificadas por este método. Recolheram dados que incluíam 52411 avistamentos e 1661 reuniões e analisaram estes dados de acordo com a mudança de pessoas nas imediações e a duração da mudança. A figura 5 de [3] mostra o histograma de avistamentos e encontros individuais de Bluetooth. Calculou-se também a frequência com que a mudança ocorre nas imediações e a duração dessa mudança. No entanto, o projeto tinha algumas limitações, sendo uma delas um problema com o protocolo de consulta do dispositivo. De um modo geral, a configuração da conferência foi considerada uma situação ideal para experiências com cordas sem fios, uma vez que as pessoas são estranhas no início e depois tornam-se familiares, pelo que se pode facilmente descobrir se a pessoa frequenta a conferência regularmente ou não.

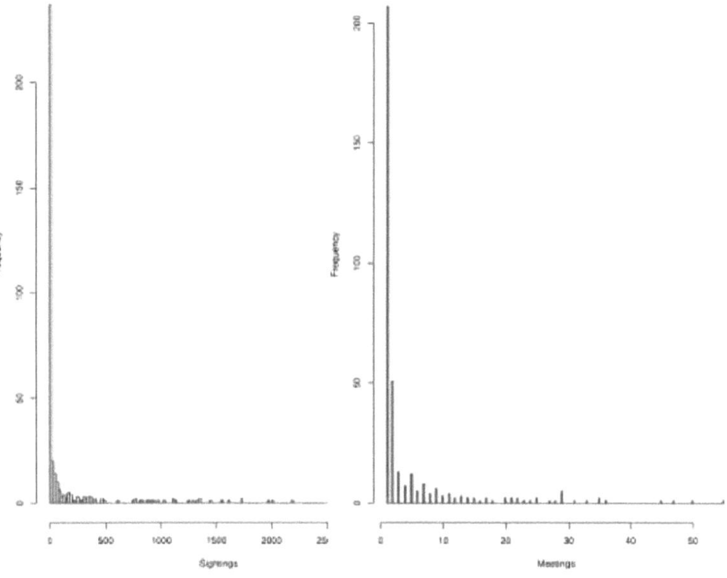

Figura 3.3 Histograma de avistamentos e reuniões [3]

Capítulo 4
Corda sem fios

4. Corda sem fios

O projeto Wireless rope foi desenvolvido por Andreas Kemnade, Behrens, Eiko Yoneki e Tom Nicolai [10]. O Wireless rope é um programa para dispositivos móveis com Java que recolhe informações sobre os outros dispositivos à sua volta utilizando Bluetooth. Permite a um grupo ou a uma comunidade de utilizadores móveis conhecer realmente os limites desse grupo. Funciona como uma verdadeira corda que une os alpinistas. Nesta situação, a corda sem fios dá aos membros do grupo um feedback imediato quando um membro se perde ou regressa à proximidade.

Como já foi referido, trata-se de um projeto interativo que permite às comunidades manterem-se unidas enquanto agem em conjunto ou individualmente. Isto é útil quando se exploram locais com muita gente, os membros podem perder-se facilmente e é necessário um esforço considerável para manter todos juntos.

Para detetar a proximidade de outros dispositivos, o Wireless Rope utiliza o mecanismo simples de consulta de dispositivos. Utiliza a classe do dispositivo para diferenciar os telemóveis de outros dispositivos e, assim, identificar a proximidade de outras pessoas na zona envolvente. Neste caso, partiu-se do princípio de que a presença de um dispositivo móvel significa a presença de uma pessoa, uma vez que os telemóveis são dispositivos bastante privados.

Uma vez feita a deteção, todos podem participar plenamente na interação nesse ambiente, e os recursos cognitivos para acompanhar o grupo são libertados.

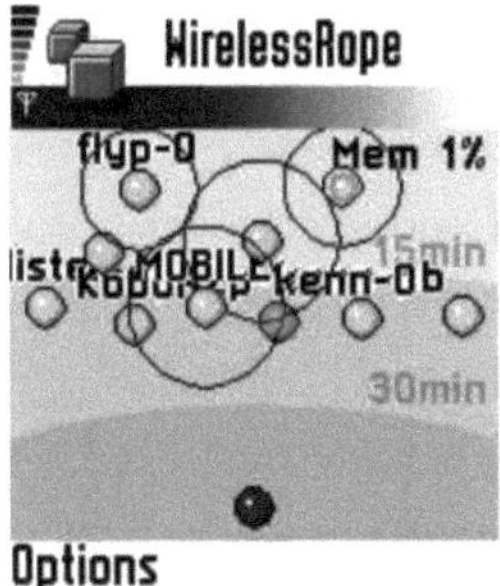

Figura 4.1 Avistamentos no ecrã do telemóvel [3]

Para além da interação direta com pessoas conhecidas, o programa também inclui estranhos e, assim, os estranhos conhecidos são reconhecidos quando se encontram repetidamente. No ecrã do programa são apresentados diferentes parâmetros da situação social envolvente. Por exemplo: Quantas pessoas familiares e/ou estranhas estão na proximidade? Há quanto tempo é que essas pessoas estão próximas? Há alguém que está comigo há algum tempo e que eu não reparei? Quantas pessoas receberam as mensagens?

A Wireless rope classificou os dispositivos em duas categorias diferentes que diferenciam o seu nível de visão. Estas são definidas a seguir.

Lista de conhecidos : Dispositivos que são vistos repetidamente pela proximidade do Bluetooth .

Avistamentos recentes: Dispositivos que foram vistos há um momento pela proximidade do Bluetooth.

Em [12], os dispositivos móveis são ainda classificados de acordo com a sua cor, que é explicada de seguida.

Cinzento (desconhecido): *"Os dispositivos desconhecidos são classificados como estranhos. "*

Azul (estranho familiar): *"Quando um dispositivo é encontrado repetidamente, a esfera muda a sua cor de cinzento para azul".*

Amarelo (familiar): *"Depois de interagir com um dispositivo, este fica amarelo".*

Cor-de-rosa (Estação de Carris): *"Dispositivos especiais para recolher dados dos telemóveis. O Wireless Rope reconhece-os e transmite automaticamente os dados de registo. "*

Além disso, uma falha durante a consulta do dispositivo é indicada por uma cruz vermelha sobre a esfera preta. Como serviço adicional, as informações recolhidas em todos os programas Wireless Rope podem ser reunidas num servidor central através de estações de rastreio especiais. O Wireless Rope pode ser instalado em qualquer telemóvel baseado em Java com o suporte de MIDP 2.0 e JSR.
As informações seguintes são recolhidas pelo Wireless Rope sobre cada dispositivo observado, incluindo a classe do dispositivo Bluetooth, bem como o número de observações e encontros (um encontro é uma sequência contínua de observações).

Nome: Nome Bluetooth do dispositivo

ENDEREÇO MAC: Endereço Mac do dispositivo Bluetooth

Visto pela primeira vez: quando o dispositivo aparece pela primeira vez na proximidade, ou seja, em que data e hora.
Última vez: a última vez que o dispositivo está na proximidade, ou seja, a que hora e data.
Avistamentos: Quantas pessoas conhecidas e quantas pessoas estranhas estão na proximidade **Encontros:** Quantas vezes o dispositivo Bluetooth é ligado à corda sem fios. **Duração do encontro:** A duração efectiva do tempo em que o dispositivo Bluetooth está ligado ao cabo sem fios.
Duração média do encontro: Tempo médio em que o dispositivo Bluetooth está ligado ao cabo sem fios.
Duração do último encontro: A hora em que o dispositivo móvel esteve na proximidade do Bluetooth pela última vez.

Todas as informações registadas acima são utilizadas para analisar os padrões de ligação, a formação e evolução de grupos e os padrões sociais, incluindo uma avaliação da utilidade do Bluetooth para este tipo de deteção de proximidade.

4.1 Privacidade fornecida por corda sem fios

O programa Wireless Rope não recolhe qualquer informação privada de outros dispositivos. Apenas pede o endereço único do dispositivo Bluetooth, que é designado por endereço Mac, e a classe do dispositivo, ou seja, se o dispositivo é um telemóvel, um smartphone ou outro dispositivo móvel. Além disso, pede o nome do dispositivo Bluetooth, que pode ser alterado pelo utilizador. Podemos obter todas estas informações de outro dispositivo Bluetooth quando este está em modo visível para outros dispositivos móveis.

4.2 Limitações do cabo sem fios

Como todos os projectos, o Wireless Rope também tem algumas limitações. As duas limitações básicas do Wireless Rope são as seguintes

- Existem alguns erros na API Bluetooth do J2ME: Na maioria das implementações J2ME, a consulta periódica do dispositivo não é uma função bem testada. O Wireless Rope tenta detetar e recuperar os erros. O problema com o Bluetooth e a falha na consulta do dispositivo são então mostrados através da exibição de uma **cruz vermelha** sobre a esfera preta. O programa precisa de ser reiniciado caso não recupere automaticamente ou, em casos raros, o telemóvel precisa mesmo de ser reiniciado.

- **A vibração** *"não é suportada em todos os aparelhos. Por conseguinte, a notificação de utilizadores com acesso restrito pode não funcionar nestes modelos"* [12].

4.3 Mapa de ligações

"O mapa de ligações é uma ferramenta para a análise de redes sociais. Por exemplo, identificação de contactos comuns. A informação recolhida é visualizada em tempo real num sítio Web. O participante da experiência pode determinar a sua localização neste mapa consultando o seu endereço Bluetooth" *[5]*.

4.4 Dispositivos Bluetooth sem cabo sem fios

O Wireless Rope detecta e inclui automaticamente todos os dispositivos Bluetooth que estão a funcionar em modo detetável e as suas visualizações são recolhidas. A existência dos utilizadores é notificada e estes são visualizados no ecrã. No entanto, a única diferença é que estes dispositivos não podem ser adicionados à categoria "Contacto", porque é necessário o acordo de ambos os dispositivos móveis para essa ligação, o que só é possível com o programa Wireless Rope.

Capítulo 5
Experiência

5. Experiência

O software utilizado para realizar a experiência foi o Wireless Rope, tal como referido anteriormente. Foi utilizado para recolher dados de proximidade para análise posterior.

Para a experiência, foram selecionados dois grupos: um era uma aula de estudantes e o outro um grupo de médicos. No primeiro grupo, cinquenta estudantes participaram nesta experiência. Foi pedido aos alunos que instalassem o Wireless Rope em cada um dos seus dispositivos móveis. Isto foi feito para efetuar inquéritos periódicos aos dispositivos Bluetooth de trinta em trinta segundos. A turma de estudantes e o outro grupo de médicos foram selecionados como um evento social para a experiência, porque se esperava que uma grande parte dos estudantes e dos médicos tivesse consigo dispositivos Bluetooth detectáveis.

A experiência teve a duração de uma semana. Uma vez que foi na minha própria aula que recolhi os dados, também instalei o Wireless Rope no meu telemóvel e andei com um dispositivo preparado durante todo o tempo da aula para recolher os dados. Os alunos utilizaram o Wireless Rope durante a aula e também depois da aula, quando estavam no café ou durante o intervalo da aula. Os alunos entregaram os dados recolhidos após todas as aulas teóricas. Inicialmente, a turma era constituída por cinquenta alunos, mas os dados finalmente recolhidos eram de cerca de vinte alunos. A razão para isso foi o facto de o software Wireless Rope, uma vez iniciado, não poder ser minimizado. Tem de ser executado como uma aplicação à frente. Se alguém precisasse de utilizar o seu dispositivo para qualquer outro fim, teria de fechar e sair do Wireless Rope, e o Wireless Rope, uma vez saído, não continuaria a recolha de dados na mesma reunião. Tinha de ser executado nos dispositivos móveis continuamente, sem interrupções e de forma consistente durante uma semana. Por conseguinte, muitos participantes não puderam fornecer os dados necessários durante o período exigido.

Para o grupo de médicos, a experiência decorreu durante três semanas. O Dr. Sohail ajudou-me na recolha dos dados do grupo de médicos. Foi-lhe também pedido que instalasse o Wireless Rope, tendo depois orientado o grupo de médicos para o instalar nos seus dispositivos móveis individuais. O Wireless Rope foi iniciado e os dados foram recolhidos. Dez médicos participaram na experiência.

Ocorreram muitos problemas durante a instalação da corda sem fios nos telemóveis dos alunos e dos médicos, uma vez que o software só é instalado nos dispositivos que têm suporte Bluetooth integrado e o Bluetooth é acessível através de Java, ou seja, necessita do JSR-82. Por conseguinte, o número de participantes foi bastante reduzido, uma vez que nem todos os participantes tinham os requisitos abrangidos nos seus dispositivos móveis.

Através do Wireless Rope é possível detetar qualquer dispositivo que funcione com Bluetooth. Assim sendo, foram também detectados outros dispositivos e recolhidos os seus dados durante a atividade, desde que estes não façam parte da atividade e estejam a uma distância de aproximadamente dez metros. Os dados recolhidos são armazenados na memória do telemóvel e transferidos para um computador para análise posterior.

Em [3], classificaram os dispositivos em familiares, estranhos e amigos. Os dispositivos familiares são aqueles que são vistos repetidamente na proximidade do Bluetooth. Os dispositivos estranhos são os que são vistos na proximidade Bluetooth raramente ou durante um período de tempo muito curto e os dispositivos amigos são os que são vistos na proximidade Bluetooth durante um longo período de tempo.
Descobri o número de familiares e desconhecidos durante a experiência.

5.1 Problemas enfrentados durante a instalação do cabo sem fios

T houve uma série de problemas que ocorreram durante a instalação do cabo sem fios em ambos os grupos de estudantes e médicos. Seguem-se os principais problemas que se colocaram

1. O Wireless rope não está a funcionar em todos os tipos de telemóveis porque alguns dos telemóveis não são baseados em Java e alguns dos telemóveis não têm a API JSR-82. Alguns dos telemóveis requerem um processo de sincronização adequado para executar o wireless rope. Por exemplo, quando estou a instalar o wireless rope no nokia 5310, utilizei o Nokia Pc Suit para a sincronização.

2. A maioria dos telemóveis não tem a opção de minimizar, pelo que não podemos executar as diferentes aplicações ao mesmo tempo. Se quisermos executar qualquer outra aplicação ou se quisermos utilizar o telemóvel para fazer chamadas e enviar mensagens, temos de sair ou fechar o cabo sem fios.

3. A maior parte dos telemóveis tem uma capacidade de armazenamento limitada e, quando a capacidade de armazenamento é excedida, elimina os dados anteriores e armazena as informações dos novos dispositivos móveis.

4. Na maioria dos telemóveis, a corda sem fios não pode ser enviada de um telemóvel para outro e temos de a enviar através do computador.

5. Devido ao facto de o Bluetooth estar permanentemente ligado, os telemóveis estão sujeitos a ataques de vírus. Alguns dos telemóveis dos participantes foram afectados por ataques de vírus e, por isso, não quiseram participar na experiência.

6. As pessoas estão relutantes porque a maioria dos telemóveis só executa uma aplicação de cada vez. Têm de fechar as suas aplicações para executar a aplicação de corda sem fios.
7. Devido à ligação contínua do Bluetooth, a bateria dos telemóveis está ligada durante um curto período de tempo e é recarregada novamente.

5.2 Análise de dados

O cabo sem fios armazena os dados na memória do telemóvel utilizada para a análise. Cada consulta de dispositivo armazena ou fornece informações sobre um conjunto de identificadores de dispositivo únicos e informações adicionais sobre a classe do dispositivo, quando este dispositivo foi visto pela primeira vez, quando este dispositivo foi visto pela última vez nas proximidades, o número de avistamentos, o número de reuniões, a duração da reunião e a duração média da reunião. Todas estas caraterísticas quantitativas foram extraídas do conjunto de dispositivos.
As caraterísticas são escolhidas de modo a serem independentes da percentagem de estudantes e médicos que podem ser identificados pelos inquéritos do dispositivo.

5.2.1 Métricas utilizadas na análise da rede social

As seguintes medidas são utilizadas para a análise dos dados.

Grau: A medida mais comum é verificar quantas pessoas estão ligadas umas às outras na rede.

Betweenness: mostra que um nó criou um caminho entre dois outros nós.
Avistamentos: Número total de dispositivos vistos ao mesmo tempo
Reuniões: As reuniões são uma sequência de avistamentos.
Duração: A duração mostra o tempo total das reuniões

Capítulo 6
Resultados e Discussão

6 Resultados

As figuras mostram o histograma dos avistamentos individuais de Bluetooth e das reuniões Bluetooth, bem como a duração da reunião e a duração média da reunião, respetivamente, dos dados pós-processamento.

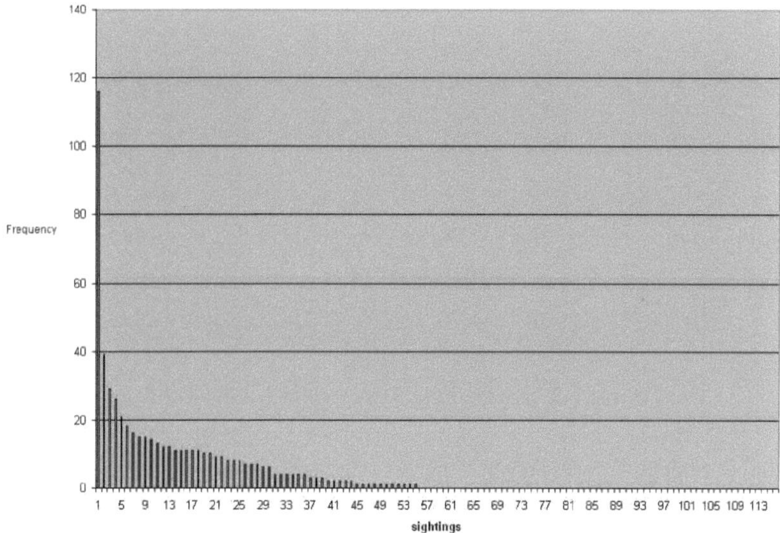

Figura 6.1 Histograma de avistamentos (amostra 1)

Os picos variam em largura e altura. A altura está relacionada com a frequência da mudança de pessoas no ambiente e a largura com a duração da mudança. Na Figura 7, o número de avistamentos frequentes é muito reduzido. Os avistamentos encontrados na Figura 7 são avistamentos ocasionais.

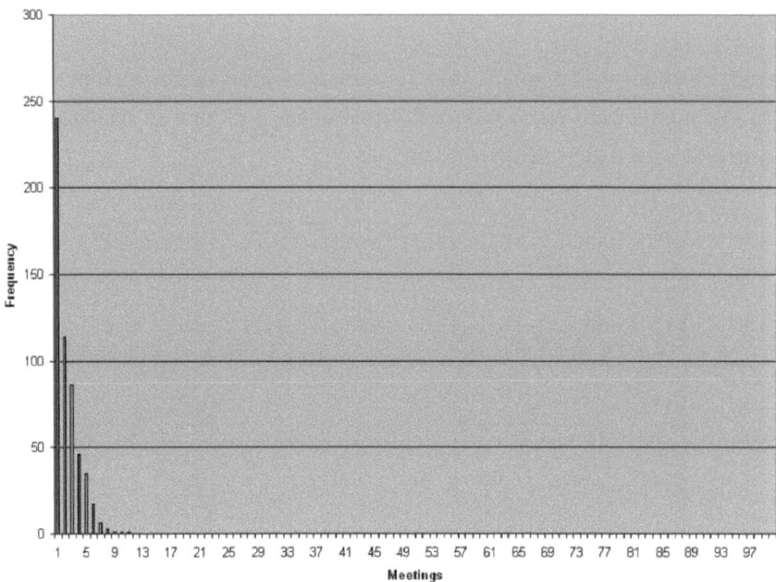

Figura 6.2 Histograma de reuniões (Amostra 1)

Na figura 8, podemos observar que o número de reuniões é muito pequeno, porque mostra que a maioria das pessoas se liga à rede apenas uma vez. Isto deve-se ao facto de os estudantes não estarem sempre juntos. Encontram-se na aula, no café ou noutro local. Por exemplo, no gráfico, consideremos os nós 1 a 5, que só se ligam à rede uma vez. Os nós seguintes estão ligados à rede mais do que uma vez, mas o seu número é muito reduzido.

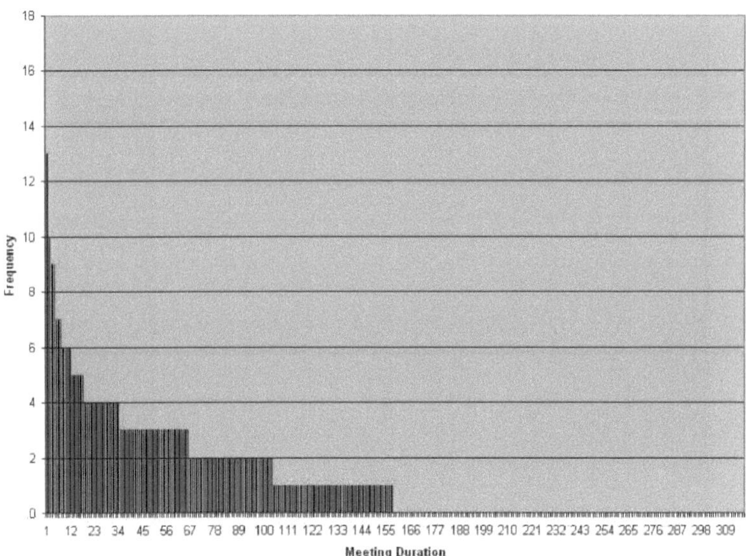

Figura 6.3 Duração da reunião (amostra 1)

Na figura 9 é apresentada a duração de cada reunião. Algumas das reuniões têm uma duração muito curta e realizam-se entre estranhos. Alguns dos encontros são de longa duração e realizam-se entre pessoas conhecidas e durante as aulas. Há muitos pequenos intervalos entre as reuniões, pelo que podemos ignorá-los e contar apenas as reuniões de maior duração.

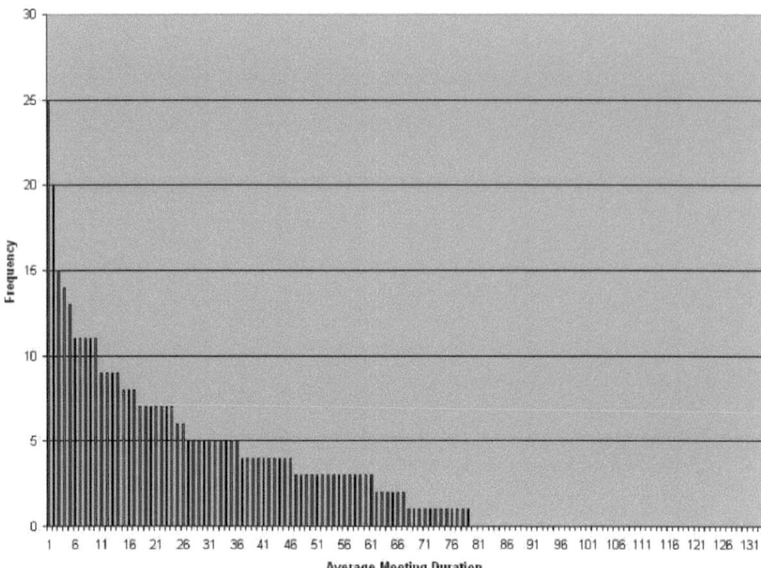

Figura 6.4 Duração média das reuniões (amostra 1)

Esta figura mostra a duração média de todas as reuniões. O rácio de encontros entre pessoas conhecidas é pequeno. Estes encontros são entre os membros da turma e só se encontraram na turma durante um longo período de tempo. O rácio de encontros entre desconhecidos é maior do que o das pessoas conhecidas.

Gráficos dos dados recolhidos do grupo de médicos

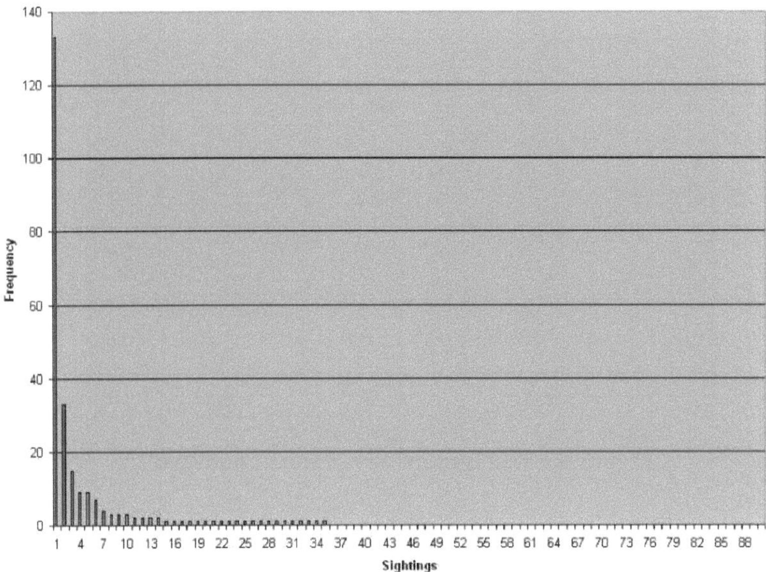

Figura 6.5 Histograma de avistamentos (Amostra 2)

Esta figura mostra que o número de observações frequentes é muito reduzido. O número de observações frequentes é reduzido porque os médicos não podem permanecer num local durante muito tempo. Vão e voltam para o controlo dos doentes ou para o serviço. Deste modo, vão e voltam na proximidade do Bluetooth.

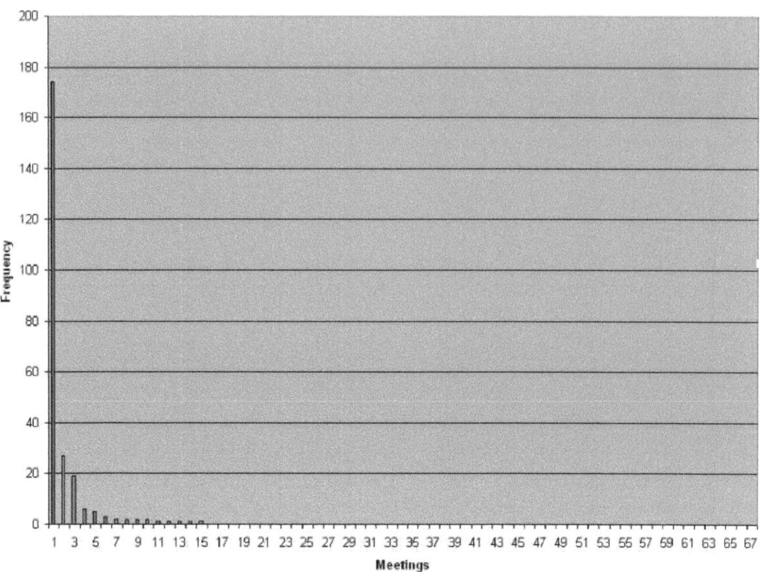

Figura 6.6 Histograma de reuniões (amostra 2)

Nesta figura, podemos ver que o número de reuniões é muito reduzido, porque mostra que a maioria das pessoas está ligada à rede apenas uma vez. Isso deve-se ao facto de os médicos não estarem sempre juntos. Encontram-se na hora do almoço.

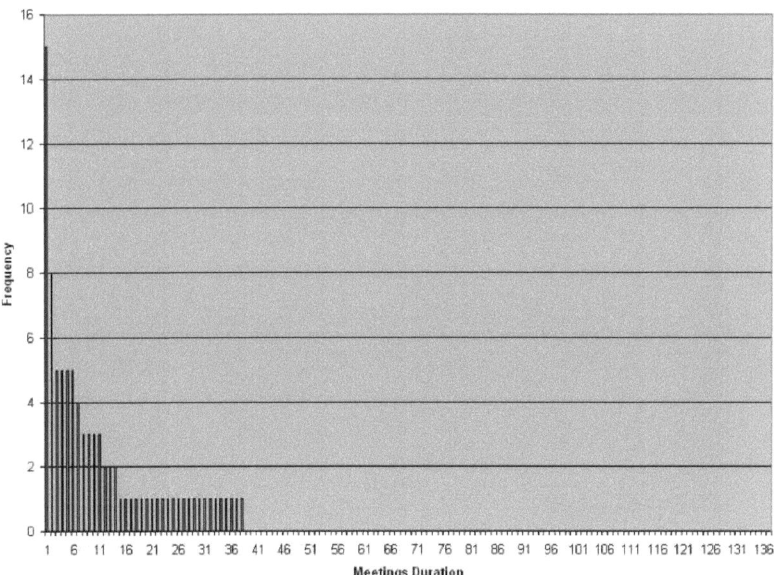

Figura 6.7 Histograma da duração da reunião (Amostra 2)

Esta figura mostra a duração de todas as reuniões que se realizam entre o grupo de médicos. Algumas das reuniões têm uma duração muito curta e outras têm uma duração longa. As reuniões longas têm lugar quando os médicos se encontram num mesmo local.

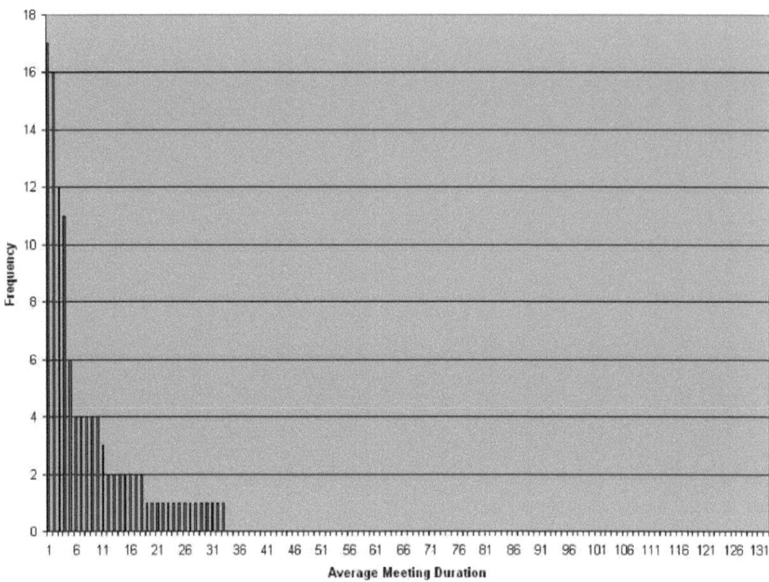

Figura 6.8 Histograma da duração média das reuniões (Amostra 2)

Esta figura mostra a duração média de todas as reuniões. O rácio de reuniões entre pessoas conhecidas é muito reduzido, uma vez que estas reuniões se realizam entre o grupo de médicos e estes não permanecem no mesmo local durante muito tempo. A maior parte dos encontros teve lugar entre os médicos, quando se encontraram por pouco tempo. Contamos estes encontros entre desconhecidos.

6.1 Pré-processamento de dados

O histograma seguinte mostra o número total de reuniões após o processamento dos dados.

O conjunto de dados é constituído por dois grupos: um grupo de estudantes e outro grupo de médicos que trabalham no mesmo ambiente. Os dados são processados manualmente porque o cabo sem fios recolhe as estatísticas, incluindo endereços Mac, avistamentos, reuniões e durações das reuniões de cada dispositivo Bluetooth que se encontra na proximidade. E guarda a informação do total de reuniões, mas não dá qualquer informação sobre os intervalos das reuniões individuais.

Para o grupo de estudantes, foi realizada uma experiência na minha própria aula. Observou-se que havia muito movimento entre os alunos da turma, uma vez que alguns saíam da sala de aula e regressavam passado algum tempo, ou porque mudavam de lugar na sala de aula. Por esse motivo, a ligação entre os dispositivos móveis estava a quebrar e a ligar-se simultaneamente, pelo que uma reunião foi dividida em várias reuniões.

Uma vez que conhecia a duração total da aula teórica, assumi a duração mínima média de cada reunião individual e, com essa média, calculei a duração efectiva de uma reunião com cada dispositivo móvel. Se o Wireless Rope pudesse armazenar a hora de início e de fim de cada intervalo, eu poderia ter ignorado a ligação e a desconexão durante a reunião. Mas, devido à limitação do software, tive de processar os dados manualmente para obter a duração efectiva de cada reunião. Com esta duração efectiva da reunião com cada dispositivo móvel, gerei ainda histogramas dos dados recolhidos.

Devido ao mesmo fator de limitação do Wireless Rope, durante a recolha de dados do grupo de médicos, parti do princípio de que os dados recolhidos estavam corretos, ou seja, ou não havia desconexão entre a duração completa de uma reunião com cada dispositivo móvel ou os dados tinham sido pré-processados e o tempo real de cada reunião foi recolhido, não sendo necessário limpar os dados. A razão para o pressuposto dos dados recolhidos foi que, no caso dos estudantes, a atividade de grupo estava contida numa sala e era facilmente observada. No caso dos médicos, o movimento do grupo era mais complexo, uma vez que não havia um padrão de entrada e saída dos médicos da proximidade dos outros e a observação das durações efectivas era quase impossível. Por conseguinte, utilizei esses dados tal como estão.

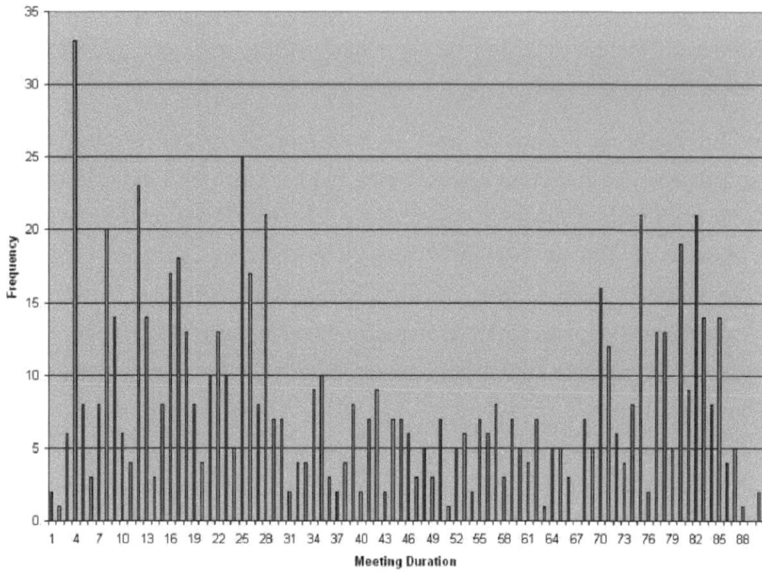

Figura 6.9 Histograma da duração da reunião (Amostra 1)

Após o pré-processamento, esta figura representa agora corretamente a minha aula, uma vez que, de acordo com este histograma, a maioria dos alunos está ligada à rede durante mais de uma hora e o tempo total de uma aula foi de uma hora e meia. Alguns dos alunos que se mostram ligados à rede durante um pequeno período de tempo são os alunos que entraram em contacto com o meu grupo de alunos durante o tempo de deslocação (por exemplo, no café ou durante o intervalo da aula).

6.2 Estrutura comunitária

6.2.1 Centralidade de grau

A comunidade é uma caraterística importante da vida social. Com efeito, é através das comunidades que podemos trocar ou divulgar informações entre comunidades. Para determinar os padrões das comunidades, um grupo de estudantes participou na experiência. Esta experiência foi realizada com cerca de 170 dispositivos móveis. Os endereços MAC destes 170 dispositivos móveis foram recolhidos e, com a ajuda destes endereços MAC, foi estudado o número de dispositivos móveis que se ligaram de forma ad hoc para formar várias comunidades. Este cálculo foi efectuado gerando a tabela 6.1 entre um determinado nó e outros nós a que estava ligado. A partir da tabela 6.1, calculou-se o grau desse nó e o grau significa que um nó está ligado a quantos outros nós. Por exemplo, o nó 1 estava ligado a 10 outros nós, pelo que o seu grau é 10.

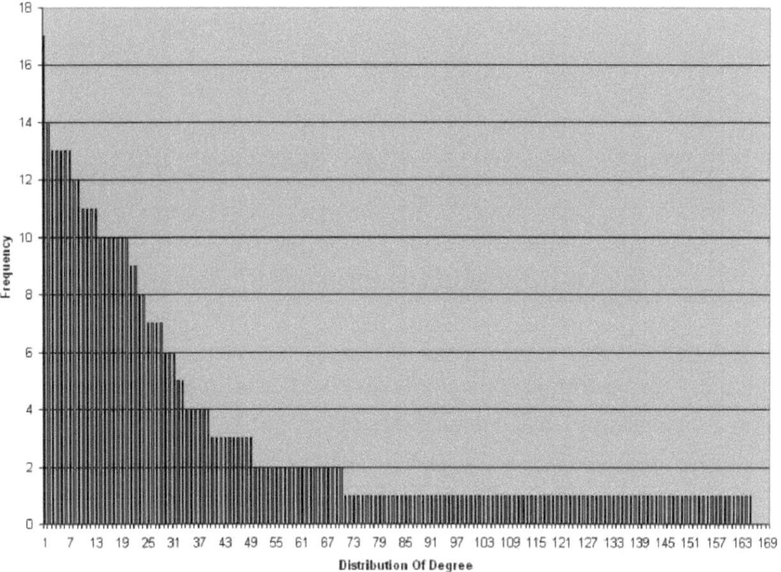

Figura 6.10 Distribuição do grau (Amostra 1)

Depois de calcular os graus de cada nó, foi gerado um gráfico que mostra a distribuição dos graus. Nesta figura podemos ver que as comunidades criadas pelos vários nós têm graus elevados e estão bem ligadas entre si. No gráfico, consideremos que os nós 1 a 7 e 8 a 13, e assim sucessivamente, criaram comunidades diferentes, que têm graus mais elevados e, por conseguinte, estão bem ligadas entre si. Enquanto que os nós a partir do 73 têm uma estrutura de comunidade pobre. A razão para este facto pode ser a inclusão de estranhos ou de dispositivos móveis isolados nessa comunidade.

6.2.2 Centralidade de intermediação

Outra medida utilizada para a análise da rede social é a centralidade de intermediação. A centralidade de intermediação significa que um nó funciona como uma ponte entre diferentes comunidades. O nó que tem um betweenness mais elevado é o nó que é mais utilizado na rede para chegar aos outros.

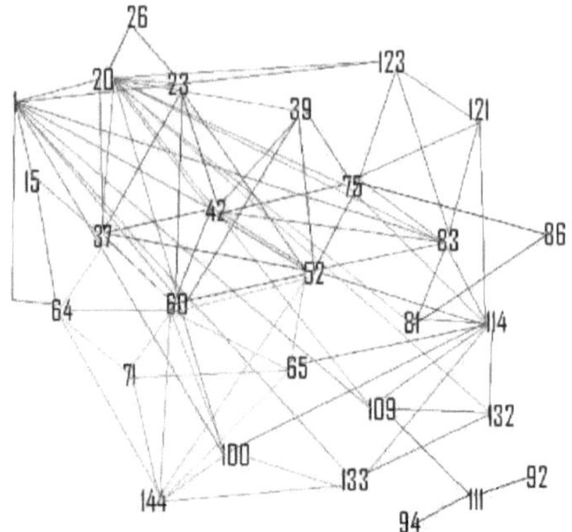

Figura 6.11 Estrutura da comunidade (amostra 1)

Esta figura mostra a estrutura comunitária do grupo de estudantes, onde se observam diferentes comunidades. Estas comunidades são as que se formam maioritariamente na sala de aula onde os alunos assistem às aulas. Também se observam alguns nós isolados. Alguns dos nós funcionam como ponte entre diferentes comunidades e ligam estas comunidades entre si.

Padrão comunitário do grupo de médicos.

Centralidade de grau

Para determinar os padrões da comunidade, um grupo de médicos participou na experiência. Esta experiência foi realizada com cerca de 160 dispositivos móveis. Os endereços MAC destes 160 dispositivos móveis foram recolhidos e, com a ajuda destes endereços MAC, foi estudado o número de dispositivos móveis que se ligaram de forma ad hoc para formar várias comunidades. Este valor foi calculado gerando a tabela
6.2 entre um determinado nó e os outros nós a que está ligado. A partir da tabela 6.2, o grau desse nó foi calculado e o grau é: um nó está ligado a quantos outros nós. Por exemplo, o nó 1 estava ligado a 10 outros nós, pelo que o seu grau é 10.

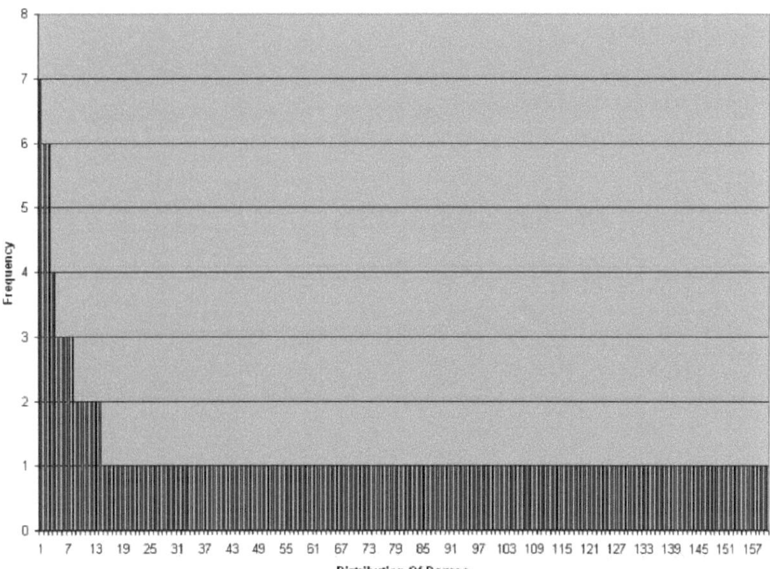

Figura 6.12 Distribuição do grau (amostra 2)

Depois de calcular os graus de cada nó a partir dos dados recolhidos do grupo de médicos, foi gerado um gráfico que mostra a distribuição dos graus. Nesta figura podemos ver que a comunidade muito pequena criada pelos vários nós com graus elevados e que estão bem ligados entre si. No gráfico, consideremos os nós 1 a 7 e 8 a 13 como comunidades diferentes, que têm graus mais elevados e, portanto, estão bem ligados entre si. Enquanto que os nós a partir do 19 têm uma estrutura de comunidade pobre. A maior parte dos nós são estranhos ou dispositivos móveis isolados nessa comunidade.

Estrutura comunitária

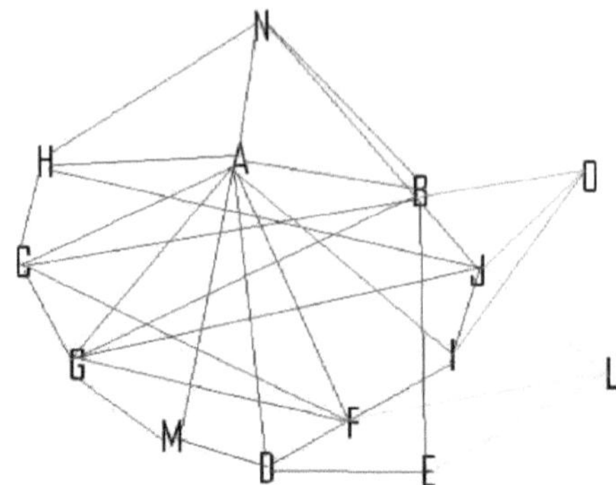

Figura 6.13 Estrutura da comunidade (Amostra 2)

Para encontrar a comunidade, utilize um Bluetooth para medir a conetividade dos dispositivos. Esta figura mostra a estrutura da comunidade de um grupo de médicos, onde se observa uma grande comunidade e algumas pequenas comunidades. A grande comunidade mostra que os médicos estão ligados entre si e trocam informações durante mais tempo. As pequenas comunidades são constituídas por pessoas que se encontram próximas durante um curto período de tempo.

Capítulo 7
Conclusão e trabalhos futuros

7. Conclusão e trabalho futuro

A rede ad hoc móvel é um conjunto de nós móveis sem fios que podem formar uma rede sem utilizar uma infraestrutura pré-existente. A rede social ad hoc baseia-se, portanto, em dispositivos móveis. As redes sociais ad hoc são muito populares hoje em dia porque abrem a porta a muitos dispositivos com Bluetooth para participarem nas nossas interações sociais quotidianas com as pessoas. Através das redes sociais ad hoc, podemos realizar reuniões e também monitorizar os doentes.

Para explorar o contexto social, foi utilizado o Wireless Rope como estrutura em qualquer ambiente ad hoc. O Wireless Rope foi utilizado para trocar ou recolher as informações dos dispositivos móveis. O Wireless Rope é executado em telemóveis e recolhe os dados dos dispositivos que se encontram nas proximidades através de consultas de dispositivos Bluetooth. Mesmo com a limitação do protocolo de consulta de dispositivos, continua a ser uma estrutura bem adequada para detetar as comunidades em locais com muita gente ou onde há maior movimento de "estranhos". A partir da análise dos dados e dos gráficos, concluiu-se que a comunidade de malha fechada se formava quando havia mais estudantes a assistir a uma palestra.

No futuro, esta experiência pode ser efectuada em grande escala e durante um longo período de tempo. E os protocolos de encaminhamento podem ser concebidos com base nas comunidades.

Referência:

[1] JOHANN VAN DER MERWE, DAWOUD DAWOUD e STEPHEN McDONALD , "**A Survey on Peer-to-Peer Key Management for Mobile Ad Hoc Networks**" **(Um estudo sobre a gestão de chaves ponto a ponto para redes móveis Ad Hoc)**

[2] Patrick Stuedi, Oriana Riva, e Gustavo Alonso, "**Demo Abstract Ad Hoc Social Networking using MAND**" Grupo de Sistemas, Departamento de Informática, ETH Zurique

[3] Tom Nicolail, Eiko Yoneki2, "**Exploring Social Context with the Wireless Rope**" **(Explorando o contexto social com a corda sem fios)**

[4] Eiko Yoneki, "**visualizing communities and centralities from encounter traces**" **(visualizar comunidades e centralidades a partir de vestígios de encontros)**

[5] Tom Nicolai, Nils Behrens, Eiko Yoneki , " **Wireless Rope: Experiment in Social Proximity Sensing with Bluetooth**"

[6] Eiko Yoneki, Pan Hui, Jon Crowcroft, "**Visualizing Community Detection in Opportunistic Networks**" **(Visualização da deteção de comunidades em redes oportunistas)**

[7] Fozia Hameed "**ANÁLISE DO DESEMPENHO DE VARIANTES TCP EM REDES AD HOC HETEROGÉNEAS E MÓVEIS**"

[8] Kate Ehrlich e Inga Carboni, "**Inside social network Analysis**"

Sítios Web relacionados

[9] http://www.whatissocialnetworking.com

[10] http://sourceforge.net/projects/wirelessrope/

[11]http://www.amazon.co.uk/Smart-Mobs-Next-Social-evolution/dp/0738206083evolution/dp/0738206083 pp.169-171}

[12] http: //wrp.auri ga.wearlab.de/manual. html

[13] www.springerlink.com/index/mk4765355396418m.pdf

Apêndice A
Comunidade de estudantes

	A	B	C	D	E	F	G	H	I	J	K	L	M	N	O	P	Q	R	S	T
1	1		1	1		1	1	1		1		1			1	1			1	1
2																				
3																				
4														4						
5										5										
6														6						
7																			7	
8								8												
9			9																	
10			10	10			10	10		10			10	10	10	10	10	10	10	10
11				11																
12								12												
13												13								
14																				
15	15			15		15				15	15					15	15	15	15	15
16				16										16				16	16	
17												17								
18				18																
19															19					
20				20				20			20	20		20			20	20	20	
21												21								
22											22									
23				23			23	23		23				23		23	23	23	23	23
24			24																	
25																				25
26										26				26					2	

																			6	
27																		27		
28										28										
29																				29
	A	B	C	D	E	F	G	H	I	J	K	L	M	N	O	P	Q	R	S	T
30									30											
31					31						31				31		31			
33									32											
34	A																			
35					35															
36										36										
37			37				37			37			37			37	37		37
38						38		38					38	38			38	38	38
39			39										39				39		
40						40	40										40		
41																			41
42	42		42		42	42	42			42		42	42		42	42		42	42	42
43														43				43	
44			44								44									
45					45						45									
46				46												46				
47																				47
48																		4		48

																		8		
49											49									
50																				50
51							51		51											
52						52				52			52	52		52			52	
53	53																			
54					54															
55							55													
56									56											
57						57														
58							58												58	
59		59																		
	A	B	C	D	E	F	G	H	I	J	K	L	M	N	O	P	Q	R	S	T
60	60		60							60			60	60					60	60
61		61																		
62																62				
63																		63		
64	64			64			64	64		64				64		64	64	64	64	
65					65	65					65			65			65	65	65	
66				66										66		66		66		66

67								67												
68															68					
69																		69		
70				70																
71				71				71						71		71			71	71
72														72		72		72		72
73			73																	
74										74										74
75		75		75	75		75					75	75					75	75	
76																76				
77															77					
78					78						78									
79												79								
80																			80	
81				81		81		81		81		81	81		81	81	81	81		81
82			82								82									
83	83	83										83					83	83	83	
84																84				
85				85																
86								86					86		86					

87																87				
88				88																
	A	B	C	D	E	F	G	H	I	J	K	L	M	N	O	P	Q	R	S	T
89											89									
90					90															
91	91											91								91
92					92						92	92	92							
93					93															
94											94	94								
95	95											95								95
96			96																	
97			97	97		97				97		97		97		97			97	97
98											98									
99																				99
100	100	100	100	100		100	100	100		100		100			100	100			100	100
101											101									
102												102							102	
103								103									103			
104			10																	

			4																	
105					105															
106			106																	
107						107										107				107
108																			108	
109	109	109	109	109		109	109	109		109	109	109	109		109	109	109	109	109	109
110																		110		
111												111	111	111						111
112																				
113					113															
114			114			114	114	114		114						114		114	114	114
115																				
116						116														
11																	1	1		

7																	17	17		
	A	B	C	D	E	F	G	H	I	J	K	L	M	N	O	P	Q	R	S	T
118														118			118	118		
119	119																119			
120																		120		
121			121	121	121	121		121			121			121		121	121		121	121
122																		122		
123	123	123	123				123	123		123					123		123		123	123
124				124																
125											125									
126				126											126					
127			127							127				127		127				127
128													128							
129	12																			

	9																			
130				130										130					130	
131										131										
132	132	132		132	132	132		132		132		132	132			132	132		132	
133	133	133		133	133	133		133		133		133	133			133	133	133	133	
134				134																
135						135														
136										136										
137		137																		
138											138									
139											139									
140		140	140		140			140		140		140	140		140	140	140		140	
141						141														
142						142														

143															143					
144		144	144	144	144					144		144				144		144	144	144
145							145						145							
146															146					
	A	B	C	D	E	F	G	H	I	J	K	L	M	N	O	P	Q	R	S	T
147																				147
148							148				148						148			
149		149			149	149			149	149			149	149		149		149	149	
150							150											150		
151													151							
152												152								
153				153											153					
154	154																			
15					1															

5					55															
156	156		156	156		156	156	156		156			156		156	156	156	156	156	156
157	157																			
158													158							
159				159																159
160	160	160			160		160			160		160			160	160	160	160	160	
161										161								161		
162	162	162	162	162		162		162		162			162		162	162	162		162	162
163											163									
164												164								
165																165				
166				166			166	166		166				166		166	166	166	166	166
167						167				167				167					167	
16																1				

8																68				
169				169																
170																170				

Apêndice B
Comunidade de médicos

A	B	C	D	E	F	G	H	I	J
1	16	99	1	1	1	1	1	1	3
9	32	125	2	5	5	52	14	15	5
28	38	145	4	12	12	68	43	20	7
29	39	153	6	48	13	78	47	23	8
30	40	167	17	68	24	88	51	33	10
54	54	173	25	114	62	95	54	34	11
67	59	183	61	135	68	144	58	36	12
68	75		68	154	114	163	68	37	18
77	88		76	202	140	165	78	41	19
88	96		78		149	176	85	66	21
113	109		82		192	181	87	68	22
118	124		88			203	88	78	26
127	125		105				101	83	27
131	130		111				105	84	31
134	143		112				116	86	35
160	156		120				128	88	41
174	161		137				141	100	44
186	162		151				156	123	45
	167		156				164	129	46
	172		166				177	145	49
	177		171					152	50
	180		182					155	53
	184		197					179	54
	197		200					185	60
	209		207					188	63
	212		212					201	65
	219		227					208	94
	232		229					211	97
			234					212	98
								216	101
								218	105
								222	110

								223	117
								236	119
									121
									122
									132
									133
									135
									139
									141
									145
									149
									159
									169
									170
									175
									187
									189
									190
									191
									192
									194
									196
									197
									203
									206
									210
									215
									217
									220
									221
									224
									225
									226
									228
									230

Printed by Books on Demand GmbH, Norderstedt / Germany